Bordesholmer Edition

Band 30

2017

Knut Emeis  is in Heide / Dithmarschen opwussen. In sien
Jugend het he veel op`n Buurnhoff in de Naverschop holpen. Sien
Leven lang het de Forstmann de Leev to de plattdüütsche Spraak
bewohrt. In`n plattdüütschen Kring vun de Heimatgemeenschop
Eckernför plegt he uns Moderspraak.

# *Über die Heide*

und andere Gedichte
von
## Theodor Storm

in Plattdüütsch sett vun

Knut Emeis

**Storm auf Platt?**

**Theodor Storm schätzte das Plattdeutsche.**

**Als Dichter zog Storm das Hochdeutsche vor –
mit plattdeutschen Einsprengseln zur lokalen
Grundierung.**

**Drei Gedichte – Klaus Groth gewidmet –
schrieb Storm auf Plattdeutsch.**

**Storm auf Platt?
Ja – es klingt.**

# Inhalt

## *An Klaus Groth**

Wenn't Abend ward,

Un still de Welt un still dat Hart;

Wenn möd up't Knee di liggt de Hand,

Un ut din Husklock an de Wand

Du hörst den Parpendikelslag,

De nich to Woort keem över Dag;

Wenn't Schummern in de Ecken liggt,

Un buten all de Nachtswulk flüggt;

Wenn denn noch eenmal kiekt de Sünn

Mit golden Schiin to't Finster rin,

Un, ehr de Slap kümmt un de Nacht,

Noch eenmal allens lävt und lacht –

Dat is so wat vör't Minschenhart,

Wenn't Abend ward.


*) Plattdeutscher Originaltext von Theodor Storm

*An Klaus Groth*

Wenn der Abend naht,
Wird still das Herz, es ruht die Mahd;
Wenn müde nieder liegt die Hand,
Und von der Hausuhr an der Wand
Du hörst den Perpendikelschlag,
Der nicht zu Wort kam über Tag;
Wenn Schummer in den Ecken liegt,
Nachtschwalbe schon am Himmel fliegt;
Wenn einmal noch ein Strahl der Sonne
Mit goldnem Schein malt Traum und Wonne,
Und vor dem Schlaf und vor der Nacht,
Noch einmal alles lebt und lacht –
Dann ist's ein Abend voller Scherz,
Ein Abend für des Menschen Herz.

*Die Stadt*


Am grauen Strand, am grauen Meer
Und seitab liegt die Stadt;
Der Nebel drückt die Dächer schwer,
Und durch die Stille braust das Meer
Eintönig um die Stadt.

Es rauscht kein Wald, es schlägt im Mai
Kein Vogel ohn Unterlaß;
Die Wandergans mit hartem Schrei
Nur fliegt in Herbstesnacht vorbei,
Am Strande weht das Gras.

*De Stadt*


An'n griesen Strand, an't griese Meer
Un afsiets liggt de Stadt;
Nevel drückt op Däcker swoor,
Dörch Stillnis bruust dat Meer
Eentönig üm de Stadt.


Dor ruuscht keen Woold un ok in'n Mai
Keen Vogel röppt sien'n Nover;
De Goos blots op ehr Wannerschaft
Se flüggt vörbi in Harvst un Nacht,
An'n Strand dor weiht de Hover.

*Meeresstrand*

Ans Haff nun fliegt die Möwe
Und Dämmerung bricht herein,
Über die feuchten Watten
Spiegelt der Abendschein.

Graues Geflügel huschet
Neben dem Wasser her,
Wie Träume liegen die Inseln
Im Nebel auf dem Meer.

Ich höre des gärenden Schlammes
Geheimnisvollen Ton,
Einsames Vogelrufen –
So war es immer schon.

Noch einmal schauert leise
Und schweiget dann der Wind,
Vernehmlich werden die Stimmen,
Die über der Tiefe sind.

*Meeresstrand*


An't Haff nu flüggt de Mööv,
Un schummerig ward de Sicht,
Över de natten Watten
Spegelt letztes Licht.

Griese Göös liesen fleegt
Neven't Woter her,
As Drööm liegt nu de Inseln
In'n Nevel op dat Meer.

Ik heur den gorigen Mudd
Un ok sien' düstern Hall,
Eensam de Vogelroop –
So weer dat jümmers al.

Noch eenmol schuert liesen
Un swiggt dorno de Wind,
To heuern ward de Stimmen,
De över de Deepde sünd.

*Ostern*

Es war daheim auf unserem Meeresdeich;
Ich ließ den Blick am Horizonte gleiten,
Zu mir herüber scholl verheißungsreich
Mit vollem Klang das Osterglockenläuten.

Wie brennend Silber funkelte das Meer,
Die Inseln schwammen auf dem hohen Spiegel,
Die Möwen schossen blendend hin und her,
Eintauchend in die Flut die weißen Flügel.

Im tiefen Kooge bis zum Deichesrand
War sammetgrün die Wiese aufgegangen;
Der Frühling zog prophetisch über Land,
Die Lerchen jauchzten und die Knospen sprangen.

*Oostern*


Ik weer tohuus op unsen Diek;
Dat much ik gern hier, düsse Wieden,
Dor leet sik hör'n, vull Droom un riek,
De fulle Klang vun Oosterlüüden.


As sülvern Füer blinker dat Meer,
Inseln swümm'n op hogen Spegel,
Möven witt schoten hin un her,
Ok in't Water mit ehr Flögel.


In'n deepen Koog bet an Diek un Strand
Gröön un schöön de Wischen se gung'n
As Fröhjohr un Blöhtiet över't Land,
Leerken juchhei'n un Lämmer sprung'n.

*Sommermittag*

Nun ist es still um Hof und Scheuer,
Und in der Mühle ruht der Stein;
Der Birnenbaum mit blanken Blättern
Steht regungslos im Sonnenschein.

Der Müller schnarcht und das Gesinde,
Und nur die Tochter wacht im Haus;
Die lachet still und zieht sich heimlich
Fürsichtig die Pantoffeln aus.

Sie geht und weckt den Müllerburschen,
Der kaum den schweren Augen traut:
„Nun küsse mich, verliebter Junge;
Doch sauber, sauber! nicht zu laut."

*Summermeddag*


Nu is dat still in Hoff un Schuer,
Ok in de Möhl geiht nu keen Steen;
De Beerboom mit sien' blanke Bläder
Steiht still as kunn't ni anners ween.


De Müller snorkt un ok sien Lüüd,
Un blots de Dochter is ganz dor;
Se lacht för sik un heemlich nu
Stellt se ehr Tüffeln vör de Door.


Se geiht, mookt wook de Müllerjung,
De siene Oogen meist nich truut:
„Nu küss mi doch, verlevte Jung,
Man ornlich do't un nich to luud.“

*Abseits*

Es ist so still; die Heide liegt
Im warmen Mittagssonnenstrahle,
Ein rosenroter Schimmer fliegt
Um ihre alten Gräbermale;
Die Kräuter blühn; der Heideduft
Steigt in die blaue Sommerluft.

*Afsiets*

Nu is't so still, de Heiloh liggt
In warme Meddagssünn,
Een rosenrode Schimmer flüggt
Över Gräver hin;
Krüder blöht un Heilohduft
Stiggt in de blaue Sommerluft.

*Über die Heide*

Über die Heide hallet mein Schritt;
Dumpf aus der Erde wandert es mit.

Herbst ist gekommen, Frühling ist weit –
Gab es denn einmal selige Zeit?

Wär ich hier nur nicht gegangen im Mai!
Leben und Liebe – wie flog es vorbei!

*Över de Heiloh*


Över de Heiloh hallt mien Schritt
Düster ut de Eerd wannert dat mit.


Harvst is komen, Fröhjohr is wiet –
Geev dat mol een selige Tiet?


Weer ik hier doch nich ween in'n Mai!
Leven un Leev – wo gau geiht dat twei.

*Herbst*


Schon ins Land der Pyramiden
Flohn die Störche übers Meer;
Schwalbenflug ist längst geschieden,
Auch die Lerche singt nicht mehr.

Und es leuchten Wald und Heide,
Daß man sicher glauben mag,
Hinter allem Winterleide
Lieg' ein ferner Frühlingstag.

*Harvst*

Weg in't Land mit Pyramiden
Flogen Störk al över't Meer;
Swulken sünd ok lang no Süden,
Un de Leerk, se singt nich mehr.

Man dor lüchten Woold un Heiloh,
Dat man seker glöven mag,
Achter al dat Winter-Wehdog
Liggt een schönen Fröhjohrsdag.

## Gesegnete Mahlzeit

Sie haben wundervoll diniert;
Warm und behaglich rollt ihr Blut,
Voll Menschenliebe ist ihr Herz,
Sie sind der ganzen Welt so gut.

Sie schütteln zärtlich sich die Hand,
Umwandelnd den geleerten Tisch,
Und wünschen, daß gesegnet sei
Der Wein, der Braten und der Fisch.

Die Geistlichkeit, die Weltlichkeit,
Wie sie so ganz verstehen sich!
Ich glaube, Gott verzeihe mir,
Sie lieben sich herzinniglich.

*Mohltied mit Segen*

Beid' hebbt se eten – allerbest;
Warm un kommodig föhlt se sik,
Full vun Leev is ganz ehr Hart,
Se föhlt, nu hett de Welt ehr Schick.

Lang un zoort geevt se sik de Hand,
Goht rum üm den leddigen Disch,
Un wünscht, wat Segen op em liggt
De Wien, de Broden un de Fisch.

Beid', Paster un Patron tosoom,
Wo goot verstoht se sik!
Ik glööv, Gott mag mi no dat seh'n,
Leef harr'n se sik op'n ersten Blick.

*Weihnachtabend*


Und wie der Menschenstrom mich fortgespült,
Drang mir ein heiser Stimmlein in das Ohr:
„Kauft, lieber Herr!" Ein magres Händchen hielt
Feilbietend mir ein ärmlich Spielzeug vor.


Und ich? – War's Ungeschick, war es die Scham,
Am Weg zu handeln mit dem Bettelkind?
Eh meine Hand zu meiner Börse kam,
Verscholl das Stimmlein hinter mir im Wind.

*Wiehnachtavend*


Un as de Minschenstrom afsiet mi spölt,
Kümmt heesch een lütte Stimm lies in mien Ohr:
„Koopt, leve Herr!" Een mager Kindspoot hölt
Luernd mi een ring un power Speeltüüg vör.


Un ik? – Weer't Ungeschick or weer dat Scham,
Op de Straat to hanneln mit'n Beedlerkind?
Noch ehrder mien Hand an mien Geldtasch keem,
Verloor de zoorte Stimm sik al in'n Wind.

*Es ist ein Flüstern*

Es ist ein Flüstern in der Nacht,
Es hat mich ganz um den Schlaf gebracht;
Ich fühl's, es will sich was verkünden
Und kann den Weg nicht zu mir finden.

Sind's Liebesworte, vertrauet dem Wind,
Die unterwegs verwehet sind?
Oder ist's Unheil aus künftigen Tagen,
Das emsig drängt sich anzusagen?

*Dor is een Tuscheln*


Dor is een Tuscheln un dat lacht,
Mi leet dat ni slopen de ganze Nacht;
Ik föhl, dor will sik wat verkünnen
Un kann den Weg nich to mi finnen.


Sünd't Wöörd vun Leev, vertruut den Wind,
De ünnerwegens verweiht all sünd?
Oder is dat malöör vun tokomen Dagen
Wat sik nu meld't ohn mi to fragen?

*Schlaflos*


Aus Träumen in Ängsten bin ich erwacht;
Was singt doch die Lerche so tief in der Nacht!


Der Tag ist gegangen, der Morgen ist fern,
Aufs Kissen hernieder scheinen die Stern'.


Und immer hör ich den Lerchengesang;
O Stimme des Tages, mein Herz ist bang.

*Ohn Sloop*


Ut'n Droom bün bang ik woken worrn;
Wat singt de Vagels so deep in Goorn!


De Dag is gungen un Morgen is wiet,
Sterns in miene Komer, lang ward de Tiet.


Un jümmers heur ik Vagels Sang;
De Stimm vun'n Dag – mien Hart is bang.

*Beginn des Endes*


Ein Punkt nur ist es, kaum ein Schmerz,
Nur ein Gefühl, empfunden eben;
Und dennoch spricht es stets darein,
Und dennoch stört es dich zu leben.

Wenn du es andern klagen willst,
So kannst du's nicht in Worte fassen.
Du sagst dir selber: „Es ist nichts!"
Und dennoch will es dich nicht lassen.

So seltsam fremd wird dir die Welt,
Und leis verläßt dich alles Hoffen,
Bis du es endlich, endlich weißt,
Daß dich des Todes Pfeil getroffen.

*Anfang vun't End*

Een Punkt man is dat, kuum een Pien,
Blots'n Geföhl, to marken even;
Un liekers schull't nich bi di sien,
Un liekers stört di dat bi't leven.

Wenn du't anner Lüüd klogen deist,
Kannst dat recht in Wöör nich foten.
Du seggst: „Is't överdreven meist!"
Un liekers will't di los nich loten.

Sünnerlich frömd ward di de Welt,
Liesen löttst torüch dien Hopen,
Bet du dat endlich, endlich weetst,
Dood mit sien Piel, he het di dropen.

*Gode Nacht**

Över de stillen Straten
Geit klar de Klokkenslag;
God Nacht! Din Hart will slapen,
Un morgen is ok en Dag.

Din Kind liggt in de Weegen,
Un ik bün ok bi di;
Din Sorgen un din Leven
Is allens um un bi.

Noch eenmal lat uns spräken:
Goden Abend, gode Nacht!
De Maand schient op de Däken,
Uns' Herrgott hölt de Wacht.

*) Plattdeutscher Originaltext von Theodor Storm

*Gute Nacht*


Über den stillen Straßen
Geht klar der Glockenschlag;
Gute Nacht! Dein Herz will schlafen,
Und morgen ist ein anderer Tag.

Dein Kind liegt in der Wiege,
Und ich bin auch bei dir;
Deine Sorgen und deine Liebe
Sind bei dir und mir.

Leises Sprechen in Gemächern:
Guten Abend, gute Nacht!
Der Mond glänzt auf den Dächern,
Unser Herrgott hält die Wacht.

*Trost*

So komme, was da kommen mag!
Solang du lebest, ist es Tag.


Und geht es in die Welt hinaus,
Wo du mir bist, bin ich zu Haus.


Ich seh dein liebes Angesicht,
Ich sehe die Schatten der Zukunft nicht.

*Troost*


Wat dor ok kummt, dat drippt mi nich!
Solang du levst, blifft üm mi Licht.


Un geiht dat rut in frömde Welt,
Wo du mi büst, dor is mien Telt.


Ik seh so gern dien leev Gesicht,
Un seh de düster Tokunft nich.

*An Wilhelm Jensen*

Es ist der Wind, der alte Heimatslaut,
Nach dem das Kind mit großen Augen schaut,

Bei dessen Schauern Baum und Strauch erbebt
Und tiefer in den Grund die Wurzeln gräbt –

Was bist du anders denn als Baum und Strauch?
Du keimst, du blühst und du verwelkest auch.

*An Wilhelm Jensen*

Dat is de Wind, uns ole Fründ,
Uns Kinner al vun künnig sünd.

Windböen de Bööm un Büscher hevt,
Deeper in'n Grund ehr Wutteln strevt –

Wat büst du anners denn as Busch un Eek?
Du kummst, du blöhst un du vergeihst jo ok.

Notizen

Notizen

# In der Reihe ‚Bordesholmer Edition' erschienen:

Stand: Januar 2017

**Bd. 1: Das Grab auf der Insel**
Der erste Bordesholmkrimi
von Jürgen Baasch, Lydia Glaubke, Charlotte Günther,
Ines Reich und  Hartmut Wiedling
ISBN  978-3-8448-0006-7              172 Seiten    Preis  9,90€

**Bd. 2: De Borsholmer Jedemann**
Hugo v. Hofmannsthal sien Stück,
in`t Plattdüütsche sett vun Jürgen Baasch
ISBN  978-3848-21806-6              128 Seiten    Preis  8,90€

**Bd. 3: Das Licht**
und andere Erzählungen
von Jürgen Baasch, Kirsten Frahm,
Viktor Vogt und Hartmut Wiedling
ISBN  978-3848-22711-2              136 Seiten    Preis  8,90€

**Bd. 4: Krimidinner**
Kriminalroman
von Hartmut Wiedling
ISBN 978-3848-21971-1              260 Seiten    Preis 14,90€

**Bd. 5: Schmalsteder Beifang**
Der zweite Bordesholmkrimi
von Jürgen Baasch, Silvia Biener, Charlotte Günther,
Diana Kühl  und  Hartmut Wiedling
ISBN  978-3-8482-2419-7              164 Seiten    Preis  9,90€

**Bd. 6: Murmelspiel und Schabernack**
Alltagsgeschichten aus unserer Nachkriegskinderzeit
Biografische Reihe, Hrsg. Jürgen Baasch
ISBN 978-3848241415              168 Seiten    Preis 10,90€

**Bd. 7: Biografische Splitter**
Biografische Reihe, Hrsg. Elmer Schmidt und Jürgen Baasch
Erzählungen
ISBN 978-3-7322-3098-3              138 Seiten    Preis 9,90€

**Bd. 8: Doppelbilder - Vier Paare, acht Geschichten und ein Gastspiel**
9 Erzählungen
von Hartmut Wiedling
ISBN 978-3842-34211-8                    136 Seiten      Preis 8,90€


**Bd. 9: Ein Haus wird Hundert**
Geschichten zur Geschichte
von Franz Rohwer
ISBN 978-3732-25457-6                    88 Seiten       Preis 8,50€


**Bd. 10: Lotosblüte**
Der dritte Bordesholmkrimi
von Jürgen Baasch, Kirsten Frahm, Charlotte Günther,
und  Hartmut Wiedling
ISBN  978-3732-28658-4                    176 Seiten    Preis 9,90€


**Bd. 11: Rezepte für die faule Hausfrau**
Kleines Kochbüchlein ohne Anspruch auf Michelinsterne
von Durannimo von der Wied
ISBN  978-3732-28628-7                    52 Seiten      Preis 4,50€


**Bd. 12: Letztes Jahr**
Satirischer Endzeitroman
von Hartmut Wiedling
ISBN  978-3-7322-8940-0                   156 Seiten    Preis  9,90€


**Bd. 13: Krimiwanderungen**
Auf den Spuren der Bordesholmkrimis
von Jürgen Baasch, Kirsten Frahm, Charlotte Günther,
und  Hartmut Wiedling
ISBN  978-3-7357-5979-5                   52 Seiten      Preis  4,90€


**Bd. 14: Wenn Papa lange wegfährt**
Ein Bilderbuch für Kinder
Von Kristina Dohrn
ISBN  978-3-7357-2308-6                   24 Seiten      Preis 13,90€

**Bd. 15: Odile**
Erzählung
von Hartmut Wiedling
ISBN  978-3-7357-1940-9                84 Seiten     Preis 7,90€

**Bd. 16: Klosterbrut**
Gesellschaftspolitischer Zukunftsroman
von Hartmut Wiedling
ISBN  978-3-8370-8979-0                208 Seiten   Preis 10,90€

**Bd. 17: Die Seminaristin**
Der vierte Bordesholmkrimi
von Jürgen Baasch, Kirsten Frahm, Charlotte Günther,
und  Hartmut Wiedling
ISBN  978-3-7357-7074-5                184 Seiten     Preis  9,90€

**Bd. 18: Lichtungen**
Gedichte und Kurzgeschichten
Von Martin Schmusch
ISBN  978-3-7347-5811-9                92 Seiten     Preis 7,90€

**Bd. 25: Menschen und Märkte**
Texte von 10  Autoren aus Bordesholm und Umgebung
Herausgegeben von Jürgen Baasch
ISBN 978-3-7393-4090                280 Seiten   Preis 10,99€

**Bd. 25a: Angekommen?**
Autobiographie
Von Gudrun Schultz-Pohlen
ISBN 978-3-7392-1469-2                204 Seiten   Preis 12,90€


**Bd. 26: Die Limerick-Landkarte**
Schleswig-Holstein mal anders bereisen
Thorsten Schönberg, 58 Limericks und ihre Standorte
ISBN 978-3-8423-6959-7                124 Seiten   Preis 11,50€

**Bd. 27: Bombenstimmung**
Der fünfte Bordesholmkrimi
von Jürgen Baasch, Elmer Schmidt und Henning Thomsen
ISBN 978-3-7431-1919-2                192 Seiten    Preis 9.90€

**Bd. 28: Lisbeth**
Autobiografischer Roman
Von Liza Olivia del Bosco
ISBN 978-3-7431-3759-2                192 Seiten   Preis 14,95€

**Bd. 29: Rezepte für den faulen Hausmann**
Vorschläge für gelungene Einladungen
Herausgegeben von Jürgen Baasch und Hartmut Wiedling
ISBN 978-3-7431-4072-1                52 Seiten    Preis 4,50€

**Bd. 30 Auf der Heide**
Gedichte von Theodor Storm
in Plattdeutsch gesetzt von Knut Emeis
ISBN 978-3-7431-3814-8                48 Seiten    Preis 4,50€

**Bordesholmer Edition**
Eine Reihe für Autoren von Bordesholm und Umgebung
Herausgeber: J. Baasch und H. Wiedling
Bordesholmer.edition@yahoo.de

Herstellung und Verlag:
BoD - Books on Demand, Norderstedt
ISBN 978-3-7431-3814-8